DES ATTRIBUTIONS

DU

PRÉSIDENT A VIE

PARIS

IMPRIMERIE BALITOUT, QUESTROY ET Cᵉ
7, rue Baillif, et rue de Valois, 18

PARIS
IMPRIMERIE BALITOUT, QUESTROY ET Cᵉ
7, rue Baillif, et rue de Valois, 18

DES ATTRIBUTIONS

DU

PRÉSIDENT A VIE

DANS LA RÉPUBLIQUE FRANÇAISE

PAR

J. FAUVEL

AVOCAT A LA COUR D'APPEL DE PARIS

PARIS

E. DENTU, LIBRAIRE-ÉDITEUR

PALAIS-ROYAL, 17-19, GALERIE D'ORLÉANS

—

1872

DES ATTRIBUTIONS

DU

PRÉSIDENT A VIE

Dans une précédente brochure (1), j'ai demandé que la Présidence de la République fût viagère. Et j'en donnais les raisons suivantes :

« La France estime que la mutabilité périodique
» du chef de l'État est le fléau de l'ordre, — et
» parce que chaque renouvellement du chef amène
» un remous dans l'esprit gouvernemental ; — et
» parce que l'inflexibilité de l'échéance maintient
» les ambitieux en haleine et aiguillonne leurs
» convoitises ; et parce que, enfin, il semble im-
» possible que l'homme qui a une fois joui du su-

(1) *De la création d'une Chambre-Haute. De la Réforme du Suffrage universel et de la Présidence à vie.* (29 septembre 1872. — Dentu, Paris, Palais-Royal.)

» prême Pouvoir, se résigne à la vie effacée du
» simple citoyen, ni même et peut-être moins en-
» core à un rôle subordonné dans l'État, en sorte
» qu'il devient comme fatalement un perturba-
» teur. »

Il faudrait ajouter que l'inflexibilité de l'échéance
facilite singulièrement les machinations des ambitieux pour s'emparer du pouvoir: car on peut dres-
ser ses batteries avec succès pour un moment pré-
déterminé et par conséquent préconnu de tous
ceux que l'on entend entraîner comme complices,
tandis que quand le moment de la vacance est in-
certain, et quand surtout il doit, comme c'est presque toujours le cas, survenir presque tout à coup,
par suite d'un événement prompt à se produire,
d'une part, l'attente indéfinie énerve les ardeurs,
et d'autre part, le temps fait défaut pour combiner
les plans, et raccorder partout les fils détendus de
l'intrigue.

Mais ces raisons ne touchent la question de la
présidence à vie que par les côtés extrinsèques.
Un autre problème, plus ardu, s'attaque aux raci-
nes mêmes de l'institution. Certains conservateurs
eux-mêmes contestent que la présidence à vie
soit compatible avec les vrais et purs principes
républicains. C'est donc sur ce terrain qu'il nous
faut porter notre étude.

Quatre raisons principales me font croire que la viagèreté de la présidence est parfaitement conforme à l'idée vraie de la République.

1° L'idée vraie de la République, son idée essentielle, consiste, il me semble, surtout dans le principe de l'accessibilité de tous, suivant leur mérite, et indépendamment de leur naissance, aux fonctions publiques; c'est-à-dire consiste presque uniquement, sinon tout à fait uniquement, dans la répudiation du principe que la naissance équivaille au mérite, ou mieux, le supplée et le domine. L'idée républicaine n'est pas la mobilité incessante, sans raison ni but; ce n'est pas le mouvement pour le mouvement; ce n'est pas le parti pris d'annulation du talent encore utile et fécond. La République, donc, doit, logiquement, pouvoir supporter le maintien d'un certain chef, tout le temps qu'il rend service, et, par conséquent, au besoin, tout le temps de la vie de ce chef.

2°. La seconde raison, c'est que la puissance suprême simplement viagère ne peut avoir l'esprit et les tendances absorbantes de la puissance héréditaire. Il est, en effet, facile de comprendre que, lorsque le pouvoir se conserve traditionnellement dans une famille, chaque génération ait, comme d'instinct, le besoin de l'augmenter toujours, et non pas seulement de le maintenir tel qu'elle l'a reçu; et que cette tendance naturelle soit encore développée par l'habitude de la domination puisée dans l'atmosphère et les adulations de la cour paternelle. Mais, au contraire, quand le chef de l'État est le fils de ses propres œuvres ; quand il a dû lutter pendant une carrière habituellement déjà longue, contre les entraves de toute nature dont est hérissée nécessairement la vie d'un homme politique ; quand, par conséquent, cet homme fréquemment en butte aux chocs des opinions et des résistances, s'est dès longtemps accoutumé à faire des compromis avec ceux dont il convoitait le concours : alors, il est beaucoup moins à craindre qu'il veuille absorber en lui l'État et supporte impatiemment la liberté. Son idéal sera plutôt de triompher par la persuasion que par la violence ; — et, à moins que ce seul triomphe de l'opinion du chef de l'État ne soit considéré comme étant le despotisme, on devra dire qu'alors c'est bien le règne de la liberté.

3° Troisièmement, la présidence à vie n'a pas, plus que la présidence à temps, tendance ni besoin d'être escortée et défendue par une caste privilégiée. Et comme, au contraire, tout citoyen, quelque obscure que soit sa naissance, a la possibilité d'y atteindre par ses talents et ses services, elle suppose et provoque, aussi bien que la présidence à temps, l'ascension incessante des individualités plébéiennes, et par suite, la substitution indéfinie des familles neuves et vigoureuses aux familles anciennes atteintes de décrépitude. En d'autres termes, elle suppose et provoque la destruction de tout ce qui n'est plus qu'artificiel, et l'essor de tout ce qui est fécond pour le progrès.

4° Enfin, le système de la présidence à vie comporte sur tous les points, autres que la durée, l'identification la plus complète avec la présidence à temps. (Et celle-ci même devient vite virtuellement viagère si l'on admet la rééligibilité indéfinie.) On peut, dans l'une comme dans l'autre, ou n'instituer qu'une, ou, au contraire, instituer deux assemblées; on peut varier les rapports de ces assemblées et entre elles et avec le chef de l'Etat: leur donner des attributions ou parallèles, ou alternantes, ou corrélatives, etc., etc.; instituer ou non une vice-présidence; faire que le ministère soit ou ne soit pas responsable (et, pour ceux qui considèrent la responsabilité ministérielle comme une nécessité, elle est plus naturelle avec la présidence à vie qu'avec la présidence à temps); et par conséquent on peut sauvegarder aussi efficacement ce que l'on appelle la souveraineté du peuple.

Il est cependant une différence qui peut sembler irréductible: c'est que le président temporaire peut facilement être responsable, c'est-à-dire destituable; tandis que le président à vie est, par la nature même de l'institution, indestituable, et par conséquent irresponsable.

Nous avons à faire, ici, trois réponses.

1° En supposant qu'il soit admis, en théorie constitutionnelle, que le président, même amovible, est responsable, nous demandons comment organiser sérieusement sa responsabilité. — Où trouver le juge à la fois désintéressé et impartial? Qui ne voit que la mise en jugement d'un chef d'Etat, ne pouvant jamais, logiquement, impliquer qu'une divergence de vues politiques, ou encore même sociales, ou ne peut être qu'un vain simulacre pour donner le change à l'opinion ou bien est réellement une révolution?

2° En second lieu, qui ne voit qu'il y a contradiction entre l'idée de chef et l'idée de responsabilité? Qui ne voit que celui qui peut être appelé à rendre, comme justiciable, compte de sa conduite à un autre, devient par la force des choses, le simple mandataire, le simple commis, de cet autre qui est son juge? Qui ne voit que tous les actes que fait alors le chef, ne sont faits que par la tolérance, et sous la ratification virtuelle de celui devant lequel il est responsable? On citera les Etats-Unis! Eh bien! je réponds hardiment que le Président, aux États-Unis, n'est que *l'employé* du Congrès! Et ce n'est pas moi qui le dis: c'est la nature, c'est l'essence des choses qui le veut !

3° En troisième lieu, je dis que, si l'on voit comment organiser pratiquement la responsabilité du chef de l'Etat, et si l'on nie cette contradiction essentielle que j'affirme : l'idée abstraite de responsabilité n'est pas plus contradictoire avec l'idée de la viagèreté qu'avec l'idée même de la temporaireté de la présidence. Et la preuve, c'est que cette idée, purement abstraite, de la responsabilité n'est même pas en contradiction avec l'idée de l'hérédité du pouvoir monarchique.

En effet, il n'a jamais pu être, et il n'a jamais, non plus, été entendu, en raison, que le chef de l'Etat eût le *droit* de mal faire. D'abord, la Charte, elle-même, en déclarant la personne du roi inviolable et sacrée, n'entendait pas donner au roi ce *droit :* tout ce qu'elle faisait. c'était de *feindre*, théoriquement, qu'en pratique jamais le roi ne ferait mal. — Et la preuve que la Charte n'entendait pas conférer le *droit* de mal faire, même au roi, c'est qu'elle distinguait précisément entre la *personne* du roi et la *magistrature* du roi ; c'est que la *magistrature royale* se composait de deux éléments indivisibles : le roi et son ministère ; c'est que, en d'autres termes, la Charte, par un subterfuge, faisait du roi un *mineur* perpétuel, puisqu'IL N'AVAIT PAS de pouvoir politique s'il n'était assisté, autorisé, complété, je devrais dire *formé*, par l'accession d'un ministre. Or, ce ministre qui gérait, et par suite, *réalisait* la magistrature royale, était, lui, parfaitement responsable.

Et le moyen-âge lui-même professait pareillement cette théorie. Car le droit que revendiquaient les papes de déposer les rois (quelque jugement qu'il puisse plaire de porter sur la prétention des papes à être plus probes et plus éclairés que les rois, et à se dire eux-mêmes au-dessus de tout jugement en vertu d'une prérogative et d'une assistance divines), ce droit que revendiquaient les papes n'était précisément fondé que sur l'affirmation virtuelle du DROIT DES PEUPLES DE RÉSISTER AUX VOLONTÉS MAUVAISES DES ROIS. Et la seule différence que l'on peut trouver entre ce droit et le droit moderne, c'est qu'aujourd'hui on veut que ce soit le peuple lui-même en masse (et encore n'est-ce qu'une fiction théorique) qui soit, malgré son ignorance et ses passions, le juge compétent; tandis qu'alors on voulait que ce ne pût être seulement qu'une autorité réputée plus haute, hiérarchiquement, que la royauté même, par son origine et sa nature. — Question accessoire qui n'influe pas sur l'idée fondamentale elle-même.

La Révolution n'a donc rien innové quand elle a inscrit au frontispice de sa constitution la responsabilité des chefs d'Etat. — Et les deux mots *inamovibilité* et *irresponsabilité* ne se sont donc jamais entendus que dans un sens relatif; et la vraie difficulté (si on rejette l'axiome que la seule subordination d'un pouvoir est destructive de son essence) est donc, nous le répétons, non une difficulté théorique, mais bien une difficulté pratique : celle de trouver au chef de l'Etat un juge compétent et désintéressé, qui n'ait pas les passions et les aveuglements humains, et qui (ce que n'offrait pas la juridiction des papes) ne soit pas précisément leur *adversaire* et le bénéficiaire naturel de leur chute : danger aussi instant pour les chefs temporaires que pour les chefs viagers ; un juge, enfin, qui soit réellement suprême, et du verdict duquel la raison ou la passion ne puisse jamais appeler !

Quelque solution que l'on donne en principe à la question que nous venons de discuter, qu'on admette ou qu'on repousse la présidence viagère, il me paraît du moins évident qu'il faut, par exception, en investir M. Thiers. Le raison en est qu'il y a une grande différence à faire entre le moment où un gouvernement se fonde, et le moment où, consolidé, il n'a plus qu'à se continuer. La France, sans doute, tend aujourd'hui vers la république ; elle répugne au retour de la monarchie légitime, et par conséquent de la monarchie vraie ; mais elle a plutôt encore des aspirations qu'une connaissance réfléchie des conditions normales du gouvernement républicain. Il faut donc ménager la transition entre les habitudes séculaires de la France monarchique et les exigences naturelles (hypothétiquement) du régime nouvellement inauguré. Et tout le monde reconnaît qu'un républicain vrai, eût-il eu l'expérience, l'habileté et la prudence consommées de celui qui nous sert aujourd'hui de pilote, n'eût pas pu réussir à maintenir jusqu'ici la République, à cause des préventions qu'il aurait soulevées ; tout le monde reconnaît que M. Thiers n'a pu, malgré sa supériorité éminente, la sauver du naufrage que parce que lui-même a inspiré une confiance exceptionnelle à titre de ce qu'il était *monarchiste*. Il en résulte donc qu'il est avantageux, ou plutôt, nécessaire, qu'il y ait à l'origine une dérogation aux principes, dérogation purement personnelle à l'homme qui tient aujourd'hui les rênes de l'Etat, afin que l'éducation nationale puisse se parfaire, et que les idées et les sentiments républicains puissent s'épurer, s'éclairer et se mûrir, sous l'égide et la direction du fondateur même du nouvel ordre de choses.

Le chef de l'Etat doit être viager ; il doit être irresponsable. Voilà deux points acquis. Mais, quelles doivent être les attributions respectives du chef de l'Etat et du pouvoir législatif? Et comment dénouer les conflits qui viendront à surgir entre eux ?

Mon but n'est pas, ici, de faire un traité de droit constitutionnel ; je ne veux, par conséquent, qu'indiquer les points culminants, les points principes, d'où la logique tirera facilement les conséquences.

I. — D'abord, le Chef de l'État doit évidemment avoir le droit d'*initiative* des lois. Il peut le partager avec chacun des membres des deux assemblées composant le pouvoir législatif ; mais il est impossible qu'il en soit privé ; puisque c'est lui qui se trouve particulièrement aux prises avec les difficultés pratiques, et qui est, entre tous, le plus à même de reconnaître ce qui est défectueux dans les lois ; comme aussi les ménagements qu'il faut avoir pour les habitudes, les routines, et parfois même les travers de l'esprit public.

II. — Mais il est plus évident encore que le chef

de l'Etat doit avoir le droit de *sanction* des lois, sans lequel le droit d'initiative serait purement frustratoire. Il n'est pas possible de concevoir que le chef de l'Etat soit contraint d'appliquer une mesure qu'il croirait dangereuse ou inapplicable. On doit présupposer dans un chef d'Etat la dose au moins ordinaire de bon sens et d'amour du bien; et, par consequent, admettre qu'il ne repoussera pas par pur entêtement, par pur besoin de résistance au pouvoir législatif, une loi qu'il aurait d'abord improuvée, et que la persistance du pouvoir législatif lui ferait enfin voir comme convenable et sage.

D'ailleurs, si le chef de l'Etat n'a pas le droit de sanction, il cesse aussitôt d'être chef, pour devenir, non pas même l'égal, mais bien l'inférieur du pouvoir législatif.

Enfin, il est évident que, puisqu'il tient en ses mains le pouvoir exécutif, il peut, par omission, neutraliser la loi qu'il n'aurait pas sanctionnée. Tous les jours on voit des lois tomber en désuétude; et il n'y a nulle revanche possible du pouvoir législatif, supposé improbateur, contre le pouvoir exécutif. Il vaut donc mieux donner par la sanction un droit direct que le chef de l'Etat pourrait toujours s'arroger indirectement.

III. — Je dis de droit de *sanction*, et non pas le droit de *veto*. Le droit de *veto* n'étant qu'un ajournement de la loi, et un appel au pouvoir législatif mieux informé, infériorise toujours le chef de l'Etat, et nous ramène en outre à l'inconséquence que nous venons de signaler.

VI. — Je ne parle pas de la *promulgation* des lois, qui n'est qu'une autre forme de la *sanction* quand celle-ci ne précède pas; et qui n'est qu'un pur acte de pouvoir exécutif quand la sanction précède. — Il est évident qu'il serait contradictoire, d'ailleurs, de donner la promulgation à un autre qu'à celui qui aurait la sanction.

V. — Le chef d'Etat doit avoir le droit de *convoquer*, *d'ajourner*, et de *proroger* le pouvoir législatif. Car, comme le gouvernement vit pratiquement *avant* de vivre théoriquement, et comme toutes les résolutions du pouvoir législatif ne peuvent être que des *généralisations* de faits expérimentés, le chef de l'Etat est le seul à pouvoir, en pleine connaissance de cause, déterminer le moment où les besoins publics rendent opportunes les études du pouvoir législatif.

VI. — Mais le chef de l'Etat doit-il avoir le droit

de *dissoudre* ou *d'altérer* le pouvoir législatif.

Il me semble qu'il est impossible d'hésiter à répondre qu'il doit l'avoir.

Il est évident, en effet, d'une part, que si le pouvoir législatif possède le moyen de neutraliser, au moins par inertie, le chef de l'Etat, on n'a plus le gouvernement d'un chef unique, mais bien une oligarchie; et, d'autre part, il est évident aussi que le pouvoir législatif a une foule de ressources, plus ou moins détournées, pour paralyser le chef de l'Etat indocile à ses vues, et pour escamoter ainsi, d'une manière plus ou moins médiate, le gouvernement.

Il faut donc armer le Chef de l'Etat contre les empiètements du Pouvoir législafif. Or, la seule arme que l'on ait, jusqu'à ce jour, découverte, c'est le droit d'altérer ou de dissoudre le Pouvoir législatif.

Nous disons *altérer* ou *dissoudre;* car il faut prévoir aussi bien le cas où le pouvoir législatif se compose de deux chambres, dont l'une est inamovible, que le cas où le pouvoir législatif ne se compose que d'une seule chambre, élective et temporaire.

Le Chef de l'Etat a donc, habituellement, reçu le droit de dissoudre la Chambre élective, quand l'opposition au Gouvernement vient d'elle; et le droit d'augmenter soudainement et par masses (par fournées) le nombre des membres de la Chambre-haute, quand c'est de la Chambre-haute que procède la résistance.

Mais ce second moyen présuppose évidemment que le Chef de l'Etat choisit discrétionnairement les membres de la Chambre-haute; car si la Chambre-haute se recrute en dehors de lui, ou seulement avec son simple concours, il n'est pas libre d'en remplir à sa guise les vides, ou d'en augmenter capricieusement le personnel.

Mais il y a une autre objection qui a une grande valeur. C'est que cette sorte de dissolution bâtarde de la Chambre-haute compromet à la fois la dignité des membres qui entrent et du corps qui les subit; car les membres qui entrent paraissent plutôt choisis à titre de complaisants qu'à raison de leur mérite; et le corps qui les reçoit perd de sa valeur morale, puisqu'il suffit d'un coup d'autorité, de celui même auquel il résiste, pour le neutraliser.

La dissolution de la Chambre élective entraine, à son tour, de fâcheux effets : d'une part, une fermentation périlleuse dans l'esprit public, surtout si les élections nouvelles se produisent sans intervalle ; et, d'autre part, la déconsidération ou pour le gouvernement, et, conséquemment, pour le Chef même de l'État, si la chambre dissoute est réélue ; ou pour la représentation nationale, qu'elle transfigure en un jouet du pouvoir exécutif, s'il suffit de la volonté du Chef de l'État pour se débarrasser d'elle dès qu'elle le gêne.

Or, je croirais possible de prévenir ces inconvénients divers ; et les moyens seraient, ce me semble, les suivants :

1° Dans l'hypothèse où le pouvoir législatif comprendrait une Chambre-haute, se renouvelant en dehors de toute ingérence du chef de l'État, je voudrais que, selon qu'il conviendrait au Gouvernement, les votes pussent, quoique toujours émis séparément par chaque Chambre, dans son enceinte propre, ou se distinguer en deux masses, ou, au contraire, se confondre en une seule ; en sorte que le chef de l'État, pût, à son gré, se juxtaposer à une ou à deux assemblées.

Seulement, un pareil principe entraînerait comme corollaire la nécessité que les deux Chambres fussent composées constitutionnellement d'un nombre égal de membres.

2° Dans l'hypothèse de la dissolution de la Chambre élective, je voudrais qu'il y eût, non pas comme il en a été jusqu'à ce jour, élection conséquente et postérieure, mais au contraire, prédésignation antécédente et provisionnelle, de la Chambre remplaçante. On obtiendrait ainsi deux résultats : le premier, de ne point causer de fermentation politique dans la nation ; le second, de rendre le Gouvernement plus circonspect et plus porté aux concessions ; car il n'aurait pas le bénéfice de pouvoir préparer et travailler l'élection ; et il appréhenderait les dispositions d'une assemblée déjà virtuellement formée avant les hostilités des deux pouvoirs, et non éclose, par conséquent, au souffle des passions.

Cette Chambre supplémentaire, ainsi préélue, pourrait être formée, d'après bien des modes. On pourrait, par exemple, établir que toute votation pour renouvellement initial de législature comporterait deux élus, dont l'un serait le titulaire immédiat, et dont l'autre serait simplement le substitut éventuel.

On pourrait encore, — et ceci me paraîtrait infiniment meilleur, — vouloir que la Chambre substituée se composât de la collection des Commissions permanentes des conseils généraux.

Car, par la nature de leur mandat, les conseils généraux confinent aux sphères politiques, en même temps que, par leur origine, ils plongent plus avant que les députés dans les entrailles de la nation.

J'indique les commissions de permanence, d'une part, parce que ces commissions étant déjà constituées, on évite les inconvénients d'une élection; d'autre part, parce qu'elles comprennent habituellement, et autant que l'incompatibilité légale avec la qualité du député le permet, l'élite du conseil général; et enfin, parce que les membres qui les composent, étant demeurés forcément en dehors de l'assemblée qu'il s'agit de remplacer (art. 70 de la loi du 10 août 1872), arrivent dans l'enceinte législative libres de toute compromission, et doivent ainsi demeurer plus facilement impartiaux à l'égard du Pouvoir exécutif.

Il est bien entendu que, dans l'hypothèse que je suppose, je voudrais voir maintenue l'incompatibilité de la loi de 1872; et par conséquent ces membres des commissions permanentes devenus législateurs, être remplacés dans le conseil général.

Il faut observer que ce mode de prédésignation

provisionnelle de l'assemblée remplaçante serait tout aussi applicable, et paraîtrait même encore infiniment plus nécessaire, dans le cas où le pouvoir législatif ne se composerait que d'une unique chambre élective.

Seulement on pourrait, dans cette dernière forme de constitution, composer la chambre remplaçante des éléments que j'ai indiqués, dans ma précédente brochure, pour la formation de la chambre-haute.

Ce droit d'augmenter le nombre des membres de la chambre-haute, et le droit de dissoudre la chambre élective, comme aussi le droit, s'il était admis, de mêler ou de disjoindre les votes des deux chambres, constitue une arme au profit du chef de l'État contre le Pouvoir législatif; — la prédésignation, au contraire, d'une assemblée substituable à l'assemblée élective dissoute, est une défense du Pouvoir législatif contre l'entreprise déraisonnable du chef d'État. — Mais, cette défense est-elle suffisante pour le pouvoir législatif, et ne doit-on point encore lui en attribuer une autre : la *responsabilité ministérielle?*

VII. — La *responsabilite ministérielle*, je dois l'avouer, me paraît une chose contradictoire à l'idée de l'unité du chef, et de plus, une chose tout à fait inefficace.

D'abord, une chose contradictoire à l'idée de l'unité du chef, et cela de deux manières :

Il est, en effet, évident que le vrai pouvoir est celui dont, en définitive, la volonté prédomine. Or, si le ministère, que nous supposons nécessairement, ici, d'accord avec le Chef de l'État, est obligé de se retirer devant un blâme du Pouvoir législatif, c'est bien le Pouvoir législatif, et non plus le Chef de l'État, qui a la décision suprême; et ainsi on a, au lieu de l'unité du chef, une oligarchie.

D'autre part, si l'on suppose que le ministère qui se retire est déjà en désaccord avec le Chef de l'État, comme cependant il ne se retire que devant le blâme du Pouvoir législatif, et non devant la répudiation du Chef de l'État, c'est encore et toujours le Pouvoir législatif qui a la décision suprême.

En d'autres termes, le Chef de l'État, dans l'hypothèse de la responsabilité ministérielle, est toujours primé, ou par son ministère uni au Pouvoir législatif, ou, avec son ministère, par l'opposition du Pouvoir législatif; et, par conséquent, c'est bien toujours au fond l'oligarchie parlementaire, ou à tout le moins, et, si l'on se paie des apparences, l'oligarchie ministérielle.

En outre, la responsabilité ministérielle me paraît tont à fait inefficace.

En effet, quelque effort que l'on fasse pour ne pas voir le chef de l'Etat derrière le ministère qui est censé le couvrir, la réalité prend toujours la place de la fiction, et la responsabilité remonte à celui qui inspire ou subit le ministère. L'histoire est là pour le prouver.

En outre, et cette considération est suprême, il est impossible de déterminer *à priori* d'une manière certaine les cas où un ministère devra nécessairement se maintenir ou se retirer ; car l'importance des questions est chose tout à fait aléatoire, tout à fait élastique, et tout à fait relative aux circonstances, aux impressions, même fugitives, que causent les événements, et même aux accidents de caractère et d'humeur proprement personnels des individus.

Sans doute, dans la pratique, le Pouvoir législatif qui improuve le Chef de l'Etat fait bien de se regarder comme ayant acquis satisfaction quand le ministère est sacrifié ; et réciproquement, le Chef de l'État, auquel on ne demande que cette

preuve de son acquiescement, a raison de la con-
céder. Mais ce serait une erreur de faire un principe de ce qui ne peut être qu'un expédient, un
pivot de gouvernement de ce qui n'a qu'une vertu
toute accidentelle.

Il faut donc, dans la théorie constitutionnelle,
mettre résolûment face à face le chef de l'Etat et
le pouvoir législatif, et renoncer à trouver dans la
responsabilité ministérielle un moyen de dégage-
ment.

Maintenant, et comme conclusion, convenons
que les plus savantes combinaisons constitution-
nelles ne peuvent jamais être que des expédients
transitoires; que simples instruments pour la réa-
lisation, toujours et fatalement inachevée, de
l'idéal humain, elles doivent se modifier comme
les mobiles opinions des sociétés; et qu'ainsi, une
forme quelconque de gouvernement ne dure
qu'autant que dure le sentiment dont elle a pro-
cédé.

Paris, le 20 décembre 1872.